AF189063

DIE REFLEXIONSGRUPPE

Zehn Lebensthemen, die man mit anderen Menschen diskutieren sollte

Peter Jedlicka

Bibliografische Information der Deutschen Nationalbibliothek: Die Deutsche Nationalbibliothek verzeichnet diese Publikation in der Deutschen Nationalbibliografie; detaillierte bibliografische Daten sind im Internet über http://dnb.dnb.de abrufbar.

© 2019 Peter Jedlicka
Coverbild und alle anderen Bilder: PIXABAY

Herstellung und Verlag: BoD – Books on Demand, Norderstedt
ISBN: 9783749478866

INHALTSVERZEICHNIS

VORWORT

Wir leben in einer Zeit der digitalen Kommunikation. Durch SMS, Emails, Messenger Nachrichten und das Posten und Verfolgen von Status-Updates auf Social Networks können wir mit vielen Menschen kommunizieren.

Was dabei jedoch zu kurz kommt, ist eine intensive, ausführliche Diskussion über wichtige Lebensthemen mit unterschiedlichen Menschen in einer ruhigen Atmosphäre, also das Reflektieren in einer Gruppe.

Denn die digitale Kommunikation ist in vieler Hinsicht verkürzt: das Schreiben von Nachrichten beschränkt sich meist auf wenige Worte, Gefühle werden durch Emojis gezeigt – die Mimik und die Gestik eines Menschen, der mit mir an einem Tisch sitzen würde, fällt weg. Und es ist oft eine hektische Kommunikation: irgendwann zwischen zwei Terminen, in einer unruhigen Umgebung schreibt man noch schnell eine Antwort, klickt auf ein „Like", verschickt ein Smiley oder ein Herz.

Was ich mit diesem Büchlein anregen möchte, kann man sich vorstellen wie eine Runde von Menschen, die abends um ein Lagerfeuer sitzt, in einer ruhigen Stimmung fernab der Hektik des Alltags, und über die großen, wesentlichen Themen des Lebens spricht: Was ist Liebe für mich? Was ist Erfolg? Was ist mein Sinn im Leben? Ich nenne solche Zusammenkünfte Reflexions-gruppen – und es muss natürlich kein Lagerfeuer sein, solche Diskussionsrunden können an unterschiedlichen Orten stattfinden (Ein Mini-Lagerfeuer in Form einer Kerze könnte allerdings beruhigend wirken ...).

Ich sehe in der Smartphone-Ära die Gefahr, dass Menschen sich bei der Beantwortung dieser wichtigen Lebensfragen zunehmend an Meinungen im Internet orientieren, nicht an der Meinung von Menschen im eigenen Umfeld. Was dabei zu kurz kommt, ist das Feedback von anderen Personen – die Meinung von anderen, die Erfahrungen von anderen, die vielleicht das Gleiche oder etwas ganz anderes bereits ausprobiert haben. Das Aufgreifen eines

Gedankens in der Diskussion und das Weiterführen, Weiterentwickeln desselben. Die vielleicht daraus entstehende wechselseitige Unterstützung von Ideen, Projekten, Lebensplänen. Das Kennenlernen ganz anderer Gedanken und Lebenserfahrungen, vielleicht sogar von Menschen die in einem anderen Land oder einer anderen Kultur gelebt haben.

Wir leben außerdem im Zeitalter der „multioptionalen Gesellschaft", in der wir unter sehr vielen Lebensstilen wählen können. Das kann man vergleichen mit einem Regal im Supermarkt, in dem man vor dreißig Jahren nur drei Sorten Joghurt gefunden hat — mittlerweile sind es wohl mindestens zwanzig. Ähnlich groß sind heute die Varianten von Lebensplänen: und sie werden uns laufend im Internet präsentiert: Etwa Bilder von Menschen, die großen Erfolg haben oder haben wollen stehen neben Bildern von Menschen, die bescheiden und besinnlich, oft ökologisch leben wollen. Daneben finden sich Bilder von völlig unterschiedlich gekleideten Menschen die unterschiedliche Beziehungen leben oder zu leben versuchen - das kann ganz schön verwirrend sein!

Vor einer so großen Auswahl zu stehen, was Lebensentwürfe und Lebensstile betrifft, kann auch belastend sein: „Welchen Weg soll ich gehen?" ist eine Frage, die sich vor allem junge Menschen stellen, die sich aber auch mitten im Leben in einer Umbruchssituation stellen kann.

Deshalb also dieses Büchlein und die Anregung, Diskussionsgruppen zu gründen, in denen über jene zehn Lebensthemen diskutiert wird, die ich im weiteren Verlauf vorstelle (es können natürlich auch Themen hinzugefügt oder weggelassen werden – und auch die Reihenfolge geändert werden: das soll die Gruppe gemeinsam demokratisch entscheiden). Das sollte in einer ruhigen Umgebung passieren: in einem ruhigen Lokal ohne Musik (manche Lokale haben ein Extrazimmer), oder, wenn die Gruppe sich besser kennengelernt hat, in Wohnungen. Oder aber man leistet sich gemeinsam das Anmieten eines Raumes in einer Gemeinschaftspraxis von Psycholog*innen, was geteilt durch alle wohl nicht teurer ist, als in einem Lokal ein Getränk zu bezahlen.

Dass es eine achtsame Diskussion sein muss, sollte klar sein: Jede*r sollte in einer Anfangsrunde reihum Zeit für ein Statement, für einige Gedanken haben, später könnte es in eine freie Diskussion übergehen. Ungefähr in der Halbzeit des Treffens – ich halte 2 Stunden für eine sinnvolle Dauer – sollten die Anwesenden überlegen, ob jemand in dieser Runde bisher noch nichts oder nur wenig gesagt hat und diese Person/en ansprechen (die Viel-Redner*innen sollten sich dann in der zweiten Hälfte wohl eher zurückhalten). Gegen Ende sollte es noch einmal eine Abschlussrunde geben, in der reihum jede*r sagen kann, ob er oder sie Gedanken aus dieser Reflexionsrunde für sich mitnehmen kann.

WIE MAN EINE REFLEXIONSGRUPPE GRÜNDET

Das ist eigentlich recht einfach: Man kann in einem Social Network wie Facebook einfach schreiben:

„Ich würde gerne eine Reflexionsgruppe gründen (Buch von Peter Jedlicka), um einige wichtige Lebensthemen mit anderen zu diskutieren."

Oder aber man bietet dieses Büchlein auf einer Second-Hand Internet-Plattform an und schreibt dazu: „Eigentlich würde ich gerne so eine Reflexionsgruppe in ... (Ort) gründen". Der Vorteil von Second Hand Plattformen ist meistens, dass man vorerst völlig anonym kommunizieren kann. Denn bei „psychologischen Angeboten" (irgendwie ist es das ja) melden sich manchmal auch „seltsame" Menschen, denen man nicht sofort seine Emailadresse oder Telefonnummer geben will.

Wie man eine Gesprächs- oder Diskussionsgruppe gut organisiert, habe ich auch in meinem Buch „Gesprächsgruppen selbst organisieren" beschrieben.

Aber nun los mit den zehn Themen, die ich empfehle. Wie bereits erwähnt muss die Reihenfolge nicht eingehalten werden – man kann auch andere Themen hinzufügen und einige weglassen. Man sollte sich jedoch nicht über wichtige Themen „hinwegschwindeln", weil sie vielleicht unangenehm sind.

Jedenfalls soll immer die Gruppe demokratisch entscheiden, über welches Thema diskutiert wird – am besten schon bei der Planung des nächsten Treffens.

1

WURZELN

Jeder Mensch muss sich früher oder später mit seiner Kindheit und seiner Beziehung zu seinen Eltern auseinandersetzen. Der Blickwinkel auf die eigene Kindheit ändert sich jedoch im Laufe des Lebens:

Als Jugendlicher ist man meist noch in die Familie eingebunden und genießt entweder eine Geborgenheit, die man dort vorfindet, oder aber man hat Konflikte, rebelliert, ist aber noch abhängig.

Später einmal, wenn eine gewisse Eigenständigkeit erreicht ist – etwa mit einem eigenen Einkommen und einer eigenen Wohnung – entsteht eine gewisse Distanz zu den Eltern – manchmal eine freundschaftliche Distanz, manchmal aber auch eine erleichterte Distanz (weil man die Kindheit und Jugend als konfliktträchtig erlebt hat).

Noch später, wenn man vielleicht selbst Vater oder Mutter wird (was jedoch absolut nicht mehr ein vorgegebenes Lebensmodell ist) bzw. eine eigene Familie gründet, verdichtet sich der Kontakt zu den Eltern möglicherweise wieder: denn dann können diese mit Rat und Tat bei der

Kinderbetreuung zur Seite stehen (wenn sie darauf eingehen).

Wenn jedoch eine solche neuerliche intensivere Kontaktperiode durch eigene Kinder nicht stattfindet, entsteht erst oft ein klarer Blick auf die eigene Kindheit – und auf das damalige Verhalten der Eltern (bzw. der Mutter, des Vaters – oft ist ja nur ein Elternteil da gewesen).

Ob man ein positives Verhältnis zum eigenen Vater oder der eigenen Mutter hat, zeigt sich dann unwillkürlich bei jedem Kontakt: sei es ein Telefonat oder ein Besuch, vielleicht ein Email oder SMS:

Wenn sich jemand bei einem solchen Kontakt schlecht fühlt, einen Besuch lieber absagen will, das Telefon am liebsten nicht abheben möchte, hat einen untrüglichen Kompass für emotionale Kategorien wie Vertrauen, Zuneigung, Unterstützung, Wertschätzung, Aufmerksamkeit – und: ob diese damals in der Kindheit vorhanden waren.

Gleichzeitig hat man durch die Distanz zur Kindheit als Erwachsener vielleicht auch erkannt, in welcher Situation die eigenen Eltern damals bei der eigenen Geburt waren: Ob sie damals selbst Sorgen oder Probleme hatten? Materieller oder partnerschaftlicher Natur ? Oder gesundheitliche Probleme – auch: Sucht oder Depression?

FRAGEN

... die sie bei diesem ersten Themen daher besprechen könnten sind:

- Habe ich mich als Kind angenommen gefühlt?
- Habe ich Aufmerksamkeit bekommen – haben sich die Eltern wirklich für mich interessiert (mir zugehört?)
- Bin ich gewaltfrei aufgewachsen?
- Hatte ich abgesehen von den Eltern eine andere vertrauensvolle Bezugsperson (etwa die Großeltern)?
- Haben meine Eltern eine Erwartungshaltung in mich projiziert: etwas, was sie selbst gerne erreicht hätten?
- War ich als Kind einsam? Konnte ich Freundschaften pflegen, wie ich es wollte?
- Bin ich in meinen Interessen unterstützt worden?
- Hatten meine Eltern eine gute Beziehung?

- Wie hat mich die Abwesenheit des Vaters oder der Mutter geprägt?
- Welche Talente habe ich möglicherweise von meinen Eltern?
- Welchen Kontakt habe ich heute zu meinen Eltern / der Mutter / dem Vater?

Hilfreich für einen Nachdenkprozess über diese Fragen können die Bücher von Alice Miller sein – allen voran: "Das Drama des begabten Kindes".

2

GEFÜHLE

Es gibt in der Psychologie die Theorie, dass es vier bzw. fünf große Haupt-Gefühle gibt:

Freude (übrigens das einzige positive Gefühl darunter), Angst, Ärger/Wut und Trauer. Eventuell als fünftes: Ekel. (Die Liebe gehört erstaunlicherweise nicht dazu, wie das etwa auch Erich Fromm oder Colin Bear ausführen).

Die meisten Menschen haben eines dieser Gefühle als häufiger auftretende Grundstimmung:

Wer häufig eher Traurig ist, bezeichnet sich selbst wohl als melancholisch oder ein wenig depressiv, wer oft oder leicht wütend wird: aggressiv, wer diverse Ängste hat: natürlich als ängstlich.

Und wer meist ein fröhlicher Mensch ist kann sich glücklich schätzen – darüber muss man dann eigentlich nicht diskutieren.

Aber es wäre wichtig den negativen Grundstimmungen im Leben nachzugehen und sie zu klären, bzw. sie zu erkennen – denn wer authentisch mit anderen Menschen kommunizieren möchte, muss sich selbst auch gut kennen — auch die möglicherweise negativen Seiten der eigenen Persönlichkeit.

Wichtig ist es aber auch, zu betonen, dass es Trauer, Angst und Wut als Reaktion auf Zustände, die man beobachtet (z.B. Armut, Kriege) gibt. Dann ist die Frage, ob diese Gefühle aktivierend wirken — indem man sich für Verbesserungen dieser Zustände engagiert, oder ob man sich hilflos und frustriert fühlt.

FRAGEN

- Warum bin ich ein eher melancholischer Mensch?
- Waren bereits meine Eltern bzw. ein Elternteil melancholisch, ruhig, traurig?
- Warum bin ich ein ängstlicher Mensch?
- Gibt es reale Ursachen für meine Ängste oder nicht?
- Habe ich eine Ängstlichkeit von meinen Eltern übernommen?
- Warum bin ich ein eher aggressiver Mensch?
- Gibt es konkrete Ursachen für meinen Ärger oder könnte es sein, dass ich eine Wut meinen Eltern gegenüber in mir trage?

- Könnte mein Glaube oder meine Spiritualität dazu führen, dass ich ein ängstlicher / trauriger / wütender Mensch bin?
- Was macht mich fröhlich, traurig, wütend, ängstlich?
- Führt Angst, Ärger oder Trauer bei mir dazu, aktiv zu werden, mich für die Verbesserung von Zuständen einzusetzen?

Hilfreiche Bücher zu diesen Themen können sein "Die Grundformen der Angst" von Fritz Riemann (es geht in diesem Buch nicht vorwiegend um Angst, sondern um vier Persönlichkeitstypen). Wenn es um diffuse Ängste geht, kann auch das Recherchieren des Themas "transgenerationale Weitergabe" hilfreich sein: möglicherweise hat nämlich die Kriegsgeneration und sogar die Nachkriegsgeneration ihren Kindern eine Angst "vererbt", die im Jetzt keine Ursache mehr hätte.

3

STABILITÄT

Dieses Buch erscheint in einem Jahrzehnt, in dem die Digitalisierung so weit fortgeschritten ist, dass fast jeder Mensch in Mitteleuropa ein Smartphone hat, vermutlich noch einen PC oder andere technische Geräte, mit denen man übers Internet Zugriff auf Millionen von Medieninhalten hat:

Man kann also permanent Filme, Musik, Podcasts, News konsumieren, auf Webseiten oder in Ebooks lesen, Computerspiele spielen, mit anderen Menschen per Chat, Videochat, Social Network, Email oder SMS kommunizieren, online einkaufen und vermutlich noch einiges mehr. Die meisten dieser Services sind so spannend, dass sie einen in den Bann zielen, vielleicht sogar süchtig machen: wer heute in einem öffentlichen Verkehrsmittel sitzt oder bei einer Station wartet, wird nur mehr wenige Menschen sehen, die nicht in ihr Smartphone starren.

Die Gefahr besteht also heutzutage, eine gewisse Mediensucht zu entwickeln, die die gesamte Freizeit füllt, mit der Folge: man muss im Wesentlichen nicht mehr nachdenken – man kann sich immer ablenken. Ablenken auch von negativen Gefühlen, über die wir schon bei Punkt 2 gesprochen haben.

Was dabei zu kurz kommt ist: eine innere Stabilität, die unabhängig von Medienangeboten existiert. Eine andere Verhaltenssucht kann (muss aber nicht) das exzessive Betreiben von Sport sein – wenn es der Verdrängung von negativen Gefühlen dient.

Jeder Mensch sollte jedoch ohne Konsum von Medien, Suchtmitteln oder zwanghaftem Verhalten zur Ruhe kommen können. Ein klassisches Bild dazu ist vielleicht der Bergbauer, der abends vor seiner Hütte sitzt und über das Land schaut. In der Stadt ist vielleicht ein Mensch vorstellbar, der auf der Couch liegt und in die Luft oder beim Fenster raussieht.

Und: Jeder Mensch sollte eine Zeit lang alleine sein können bzw. einige Dinge alleine unternehmen können. Denn wenn das nicht so ist, besteht die Gefahr, sich in abhängige Beziehungen zu verstricken: in destruktive Freundschaften, nur weil man nicht alleine sein kann, oder in destruktive Liebesbeziehungen. Wenn es möglich ist, sollte wohl jeder Mensch eine gewisse Phase lang alleine wohnen, vielleicht alleine verreisen, jedenfalls alleine in ein Kino, Theater oder in eine Ausstellung gehen.

FRAGEN

- Habe ich bereits eine Sucht entwickelt?
- Ist es eine Verhaltenssucht, wie Mediensucht, Shopping, exzessiver Sport?
- Oder ist es eine substanzgebundene Sucht: Alkohol, Nikotin, Koffein, Süßigkeiten, Drogen?
- Kann ich Ruhe finden, ohne dieses Suchtverhalten?
- Wo und wie finde ich Ruhe, wo kann ich nachdenken?
- Versuche ich durch das permanente Befüllen meiner freien Zeit, einem Lebensthema auszuweichen?
- Hilft dieses Verhalten, einer Angst auszuweichen, oder aber einer Trauer, einer Wut?
- Vermeide ich die wesentlichen Fragen nach dem Sinn meines Lebens?
- Wo konnte ich früher Ruhe und Ausgeglichenheit finden?
- Ist meine innere Hektik ein Zeichen von Einsamkeit?

- Verzerrt meine Mediensucht möglicherweise das Bild, das ich mir von der Welt mache?
- Verdeckt meine digitale Kommunikation (SMS, Facebook, Messenger, Email) in Wirklichkeit einen Mangel an tiefergehender Freundschaft bzw. eine Einsamkeit?
- Habe ich schon einmal alleine gewohnt?
- Was unternehme ich ohne weiteres auch alleine (Kino, Theater, Reisen, Wanderungen ...)?

4

GEMEINSCHAFT

Obwohl im dritten Kapitel von der Fähigkeit die Rede war, alleine zu sein, ist der Mensch doch ein "Herdentier" wie es ein bekanntes Sprichwort sagt: Jeder Mensch sucht den Kontakt zu anderen Menschen.

Die meisten Menschen finden ihn zunächst in der eigenen Familie, als Kind dann zu Schulkameraden oder bei einem Hobby. Als Jugendlicher oft schon in einer Liebesbeziehung, später dann zu Ausbildungskollegen / Studienkollegen, Arbeitskollegen.

Es geht also einerseits um Freundschaften zu einzelnen Menschen, andererseits um das Wohlbefinden in Gruppen, etwa in einer Clique (in der Freizeit), oder in einem Arbeitsteam in einer Firma, einer Hobbymannschaft (oder einer Band, einem Chor), oder einer Arbeitsgruppe bei einer Ausbildung.

Das Thema Liebe wird jedoch später bei Punkt 6 besprochen.

Jeder Mensch sollte sich früher oder später klarmachen, welche Stärken oder Schwächen er in Bezug auf die Kontaktaufnahme zu anderen

Menschen hat – wie er Freundschaften pflegt, und wie gut er sich in eine Gruppe einfügen kann – bzw. ob man überhaupt Interesse daran hat (also: ein "Gruppenmensch" ist oder nicht).

FRAGEN

- Fühle ich mich in Gruppen / Teams wohl?
- Falls nein: kann ich mich trotzdem einfügen?
- Bin ich ein kontaktfreudiger Mensch oder eher ein Einzelgänger?
- Wie pflege ich Freundschaften?
- Woran liegt meine Schwierigkeit im Finden von Freunden – oder im Pflegen von Freundschaften?
- In welchen Gruppen fühle ich mich derzeit wohl (Arbeitsteam, Clique, Hobbygruppe?)
- Männerfreundschaften / Frauenfreundschaften: was ist einfacher?
- Welche Erfahrung habe ich mit Freundschaften zwischen Mann und Frau?
- Könnte ich alte Freundschaften aktivieren, könnte ich bestehende Freundschaften intensivieren?
- Welche Freundschaft tut mir nicht gut – und sollte ich diesbezüglich ein klärendes Gespräch suchen oder sie beenden / einschlafen lassen?

- Welche Erfahrungen habe ich mit Gruppen, die ich übers Internet gefunden habe?
- Bin ich ein guter Nachbar – bringe ich mich in einem Projekt der Nachbarschaftshilfe ein?
- Kann ich mir vorstellen, in einer Wohngemeinschaft zu leben – eventuell erst im Alter?
- Bin ich hilfsbereit – in welcher Situation?
- Bin ich ein guter Zuhörer / eine gute Zuhörerin – und verfüge ich auch sonst über soziale Kompetenz und Empathie?

5

ERFOLG

Erfolg und Karriere: das sind zwei Begriffe die uns zum Thema Beruf führen – aber vielleicht auch darüber hinaus, wie ich gleich erklären werde.

Jeder junge Mensch steht vor der Frage, welche Ausbildung er machen soll – oder ob er, etwa nach der Matura / dem Abitur gleich in einen Beruf einsteigt, den man "on the Job" lernt.

Unwillkürlich verbunden damit steht im Hintergrund die Frage, was für einen ganz persönlich "Erfolg" oder "Karriere" bedeutet.

Während die einen wohl sagen werden, Karriere bedeutet, eine immer bessere Position zu erreichen, mit immer mehr Ansehen und einem höheren Gehalt, werden andere Menschen sagen: Ich möchte meine Talente und Fähigkeiten möglichst gut einsetzen – und wenn ich dafür ein positives Feedback bekomme werde ich zufrieden sein und strebe keine "Karriere" an, weil ich ja durch diese Resonanz einen ganz persönlichen "Erfolg" verspüre.

Jeder Mensch – auch Menschen in der Lebens-mitte, also nicht nur junge Menschen – sollte sich die Frage stellen, welchen Karrierebegriff / Erfolgsbegriff er für sich definiert – und: wo diese Definition herrührt? Vielleicht ändert er sich sogar nach ein paar Jahren Berufserfahrung, oder in einer Berufsunterbrechung (Krankheit, Geburt eines Kindes, Arbeitslosigkeit)?

FRAGEN

- Was bedeutet für mich Erfolg?
- Welche Art von Karriere strebe ich an?
- Worin bestehen meine Talente, meine Fähigkeiten?
- Kann ich sie derzeit einsetzen (für Menschen, die noch in einer Ausbildung sind: werde ich sie nach meiner Ausbildung einsetzen können?)
- Möchte ich reich und berühmt werden?
- Und falls ja: woher kommt dieser Wunsch (habe ich großes Talent oder suche ich nach Aufmerksamkeit, möglicherweise nach einer Aufmerksamkeit die ich von meinen Eltern nicht bekommen habe?)
- Wann habe ich schon positives Feedback zu meinen Leistungen erhalten?
- Welche Art von Anerkennung wünsche ich mir im Beruf – bekomme ich sie?

- Strebe ich etwas an, das ich noch nie ausprobiert habe?
- Bin ich ein Teamplayer / eine Teamplayerin oder arbeite ich ganz gerne alleine?
- Welche Hobbyaktivitäten betreibe ich – sind diese ein Hinweis auf meine Talente?
- Strebe ich etwas an, das eigentlich meine Eltern für mich vorgesehen haben (weil sie selbst diesen Beruf hatten bzw. gerne ausgeübt hätten)?
- Strebe ich einen Sozialberuf an, weil ich hoffe, dort jene intensive zwischenmenschliche Kommunikation zu finden, die ich im Privatleben leider nirgends finde? (diese Motivation nennt sich "Helfersyndrom" – Wolfgang Schmidbauer hat zwei Bücher darüber geschrieben die zur Pflichtlektüre für angehende Sozialarbeiter*innen gehören)
- Bin ich bereit, in einer Phase der beruflichen Orientierungslosigkeit (die sicher auch normal ist in bestimmten Lebensphasen) einfach etwas auszuprobieren, anstatt ewig auf eine Eingebung zu warten? (vor allem, wenn man arbeitslos gemeldet ist)
- Bin ich bereit, in einer längeren Phase der Arbeitslosigkeit zu sagen: Ich möchte einen Beitrag zur Gesellschaft leisten, auch wenn das Jobangebot nicht meiner Ausbildung entspricht?

- Bin ich bereit, bei einer sozialen Einrichtung ehrenamtlich mitzuarbeiten?
- Wie kann ich meine Begriffe von Karriere und Erfolg mit einer Familiengründung unter einen Hut bringen?
- (Speziell für Männer) Würde ich in Väterkarenz gehen bzw. einen Papamonat machen?
- Was möchte ich beruflich noch lernen?
- Möchte ich lieber an einem anderen Ort arbeiten, vielleicht sogar in einem anderen Land?
- Was sagen Freunde oder Familienmitglieder über meine beruflichen Pläne?
- Wo werde ich gebraucht - welche Aufgabe springt mir im Alltag ins Auge?

6

LIEBE

Die Elternliebe wurde ja beim ersten Punkt diskutiert – hier soll es um Liebesbeziehungen zwischen Erwachsenen gehen.

Manche Menschen, die dieses Buch lesen werden bereits in einer Liebesbeziehung sein, andere auf der Suche, andere vielleicht sogar glückliche Singles.

Eine wichtige Frage ist jedoch, was der oder die Einzelne überhaupt unter dem Begriff Liebe versteht. Für die meisten ist es wohl ein positives Gefühl, manche Autor*innen wie etwa Erich Fromm oder Colin Bear vertreten jedoch die Ansicht, man müsse hier zwischen den Gefühlen Begehren, Sehnsucht, Zärtlichkeit und der Liebe unterscheiden, die sich nämlich durch Aktivitäten (wechselseitige Unterstützung) auszeichne.

Daran knüpft sich die Frage, von wem man seine Vorstellung von Liebe übernommen hat: ob es die eigenen Eltern waren – etwa mit einer positiven, vorbildhaften Ehe, oder ganz im Gegenteil mit einer abschreckenden Ehe (oder Lebensgemeinschaft), die man auf keinen Fall nachmachen möchte. Oder man hat bereits viele

Liebesfilme und Liebeslieder gesehen und hat daraus eine Vorstellung von Liebe entwickelt.

FRAGEN

- Was ist für mich Liebe?
- Von wem habe ich diese Vorstellung von Liebe? Von konkreten Menschen oder aus den Medien?
- Was ist mir in einer Liebesbeziehung wichtig – was weniger wichtig?
- Was darf auf keinen Fall vorkommen?
- Habe ich bereits eine positive Liebesbeziehung erlebt?
- Habe ich in meinem Umfeld positive oder negative Vorbilder für eine schöne Liebesbeziehung?
- Kann ich mir vorstellen, wie Liebe im hohen Alter aussehen wird?
- Kenne ich glückliche Singles – oder bin ich selbst einer?
- Bin ich auf der Suche nach einer Liebesbeziehung, weil ich keine / wenige vertrauensvolle Freundschaften habe?
- Möchte ich eine Familie gründen um eine Geborgenheit herzustellen, die ich selbst als Kind nicht hatte (oder auch jetzt nicht habe)?

- Sind meine Vorstellungen von Liebe und Ehe religiös geprägt?
- Wie wichtig ist mir Sexualität, Treue, Vertrauen, gemeinsame Interessen, ein gemeinsamer Tagesrhythmus, Nähe, das Zusammenwohnen?
- Suche ich eine Liebesbeziehung, weil ich nicht alleine sein kann?

7

RESILIENZ

Jeder Mensch wird im Laufe seines Lebens mit Problemen, Konflikten, Krisen konfrontiert, und man muss Wege finden, damit umzugehen, wieder auf die Beine zu kommen: diese Fähigkeit nennt man Resilienz.

Auch über diese Wege der Krisenbewältigung, der Problemlösung sollten sich Menschen in der Reflexionsgruppe austauschen.

Der Begriff Resilienz wird durchaus auch kritisiert: dann nämlich, wenn er der Philosophie entspringt, jeder Mensch müsse seine Probleme letztlich alleine lösen und wenn man seine Resilienz nur ordentlich fördert oder trainiert, schafft er das dann auch. Denn was damit ausgeblendet wird ist das gemeinschaftliche Lösen von Problemen, die vielleicht viele betreffen (etwa: Armut aufgrund einer mangelhaften Sozialpolitik, Belastungen in einer Firma aufgrund unzumutbarer Arbeitsbedingungen). Dann ist nämlich solidarisches, vielleicht sogar politisches Handeln gefordert.

Die meist wirksamere Strategie zum „wieder aufstehen" bei individuellen Problemen ist jedoch das Suchen von Hilfe oder Unterstützung – das

Miteinander-Reden. Die Psychotherapie und jede psychologische Beratung fußt ja darauf, dass man über Sorgen redet, um Erleichterung und Lösungen zu finden.

Natürlich muss man manchmal - auch wenn es nicht wünschenswert ist - alleine durch schwere Momente oder Lebensphasen. Dann haben viele Menschen ihre Methoden oder Tipps, über die man sich in der Reflexionsgruppe austauschen sollte.

FRAGEN

- Welche Krise musste ich schon bewältigen und wie ist mir das gelungen?
- Wer steht mir bei, wenn ich Sorgen habe?
- Wie finde ich alleine eine gewisse Beruhigung (etwa in der Natur, durch Meditation)?
- Frage ich um Hilfe oder bin ich zu stolz dazu – oder zu unsicher?
- Bin ich selbst ein hilfsbereiter Mensch?
- Wo sehe ich im Alltag, dass ein Mensch Unterstützung benötigt?
- Nehme ich in einer Krise Psychotherapie in Anspruch oder gehe ich zu einer psychologischen Beratungsstelle (oder rufe die Telefonseelsorge an)?

- Welches Vorbild habe oder hatte ich in Bezug auf eine Krisenbewältigung?
- Welches Buch hat mir in einer Krise geholfen?
- Wen würde ich zuerst um Hilfe bitten?
- Was würde ich an Hilfeleistung anbieten, was jedoch nicht – und wem?

8

VERANTWORTUNG

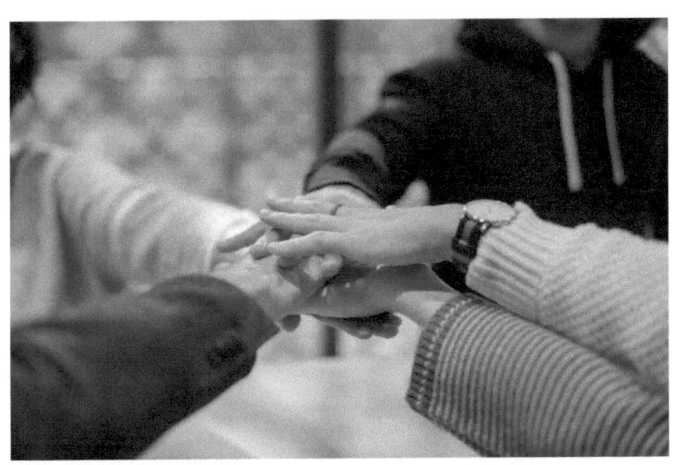

Insgesamt leben wir in Mitteleuropa (dieses Buch erscheint ja auf Deutsch, wird also vermutlich vor allem von Menschen in Deutschland, Österreich und der Schweiz gelesen) in einer "solidarischen Gesellschaft", auch wenn es nicht immer augenscheinlich ist. Was meine ich damit? Ich meine damit, dass unser politisches System letztlich bewirkt hat, dass wir füreinander Verantwortung übernehmen: dass die Stärkeren sich um die Schwächeren kümmern (alle zahlen in die Sozialversicherung ein), die Gesunden um die Kranken (alle zahlen in die Krankenversicherung ein), die Jungen um die Älteren (Pensionssystem, Finanzierung der Pflegeheime), und generell werden durch die Steuern, die gezahlt werden, Einrichtungen finanziert, die der Gemeinschaft zugute kommen: Schulen, Straßen, Krankenhäuser usw.

Das sollte dem /der einzelnen bewusst bleiben – auch wenn man sich ab und zu über Steuerverschwendung ärgert: das Prinzip ist gut und hat zu Wohlstand und sozialer Sicherheit geführt.

Daher sollte auch der oder die Einzelne – diesem Prinzip folgend – Verantwortung übernehmen. Ich möchte sogar behaupten: Verantwortung für jemanden anderen oder etwas anderes zu übernehmen ist der einzige Beweis dafür, dass jemand erwachsen geworden ist (vorausgesetzt er/sie ist gesund und nicht selbst in einer Notlage).

Verantwortung übernehmen kann man innerhalb der eigenen Familie, im Freundeskreis, in der Nachbarschaft, oder in der eigenen Firma. Und was viele vergessen: wir sollten alle im Zeitalter der Klimakrise Verantwortung für die Natur übernehmen!

Wenn man übrigens Verantwortung übernehmen übersetzt mit Hilfsbereitschaft, dann erkennt man, dass diese Hilfsbereitschaft ein Glücksfaktor für den Menschen ist: das hat die Glücksforschung statistisch erhoben, nachzulesen etwa bei Sonja Lyubomirsky ("Glücklich sein") oder bei der "Action for Happiness" Kampagne, die leicht im Internet zu finden ist.

FRAGEN

- Wo übernehme ich bereits Verantwortung?
- Wo könnte ich Verantwortung übernehmen?

- Wie geht es mir dabei, Verantwortung zu übernehmen?
- Gibt es jemanden in meiner Familie, der oder die Unterstützung benötigt?
- Oder im Freundeskreis?
- Könnte ich jemandem in der Firma mehr helfen?
- Könnte ich eine soziale Einrichtung oder einen Sozialverein unterstützen?
- Könnte ich bei einer politischen Partei oder einer Bürgerinitiative mitmachen?
- Was könnte ich verstärkt für den Umweltschutz tun (manchmal ist es eher das "Nicht-Tun", wie etwa weniger Flugreisen)?
- Könnte ich mich ehrenamtlich bei einem Verein engagieren?

9

WAGNIS

Wenn im Leben einmal alles gut organisiert ist und in ruhigen Bahnen verläuft, möchten die meisten Menschen doch auch etwas Neues erleben. Es scheint im Menschen so angelegt zu sein, dass er ab und zu das Abenteuer sucht – auch wenn es nur ein kleiner Ausflug zu einem Ort ist, an dem man vorher noch nie war.

Auch darüber tut es gut, in der Reflexionsgruppe zu reden.

Manchen Menschen wird der Beruf irgendwann langweilig, manchen Menschen die Liebes-beziehung (und es wäre übrigens fatal, wenn man das eine durch Abwechslung im anderen lösen will: etwa indem man sich einen neuen Beruf sucht, weil man privat gelangweilt ist – oder einen neuen Partner / eine neue Partnerin, weil man beruflich frustriert und unausgelastet ist).

Auch in der Freizeit kann die Neugierde entstehen, etwas Neues auszuprobieren – oder etwas ganz Altes: ein Hobby das man als Kind oder als Jugendliche*r hatte und damals nicht weiter verfolgen konnte.

In allen Bereichen — also sowohl im Beruf als auch in der Liebe und in der Freizeit — gäbe es vermutlich einiges, was man selbst tun könnte, um die Sache abwechslungsreicher zu machen oder eine positive Entwicklung anzustoßen.

Viele tragen aber auch einen Lebenstraum mit sich herum: ein Projekt, das sie irgendwann verwirklichen wollen: wobei die Frage ist, wie lange man es vor sich herschieben will (wenn es denn realisierbar ist).

FRAGEN

- Bin ich auf der Suche nach etwas Neuem?
- Habe ich einen Lebenstraum, den ich noch verwirklichen will?
- Träume ich von einer weiten Reise? (Vorsicht: Klimaschutz!) oder einer Weitwanderung?
- Welche Menschen könnte ich als Mitstreiter*innen für solche Pläne gewinnen?
- Könnte ich mich nebenberuflich weiterbilden?
- Könnte ich in meiner Firma einen Vorschlag für eine Verbesserung / eine Innovation machen?
- Könnte ich nebenberuflich eine Selbständigkeit starten?

- Könnte ich mit meinem Partner eine Reise unternehmen – oder Ausflüge zu Kulturstätten in der Umgebung machen?
- Welchen Kurs könnte ich an einer Volkshochschule belegen?
- Welche künstlerische Fähigkeit könnte ich lernen (Malen, Musikinstrument ...)?
- Könnte ich bei einem Chor oder bei einer Hobbytheatergruppe mitmachen – oder eine Band gründen?
- Könnte ich / mit Partner/in wieder einmal tanzen gehen?
- Könnte ich ein Hobby aus meiner Jugend wieder aufleben lassen?

10

SINN

Aus den Themen eins bis neun sollte es eigentlich schon klar geworden sein: Sie steuern zu auf das große Ganze in unserem Leben: Auf die eigene Lebensphilosophie – auf unseren individuellen Sinn im Leben.

Ich habe vor einigen Jahren ein Ebook zu dem Thema geschrieben, in dem ich den Begriff "Sinnquadrat" eingeführt habe als Bezeichnung für die wichtigsten vier Sinnkategorien (die abgeleitet sind aus den Gedanken von Viktor Frankl, dem Begründer der Logotherapie – einer Psychotherapierichtung, die auf den Lebenssinn fokussiert).

Viele von uns können jedoch diesen Sinn – obwohl er im Hintergrund immer präsent ist – gar nicht so schnell erklären oder ausformulieren. Das ist schade. Denn solche Sinn-Sätze (es wird wohl mehr als einer sein) können ein guter Anker in Krisensituationen sein.

Hier ein Beispiel: Eine Volksschullehrerin, die bei einem Sommerurlaub in Afrika sieht, wie schlecht die Schulsituation in einem afrikanischen Land ist, beschließt, einen Entwicklungshilfe-Verein zu gründen, mit dem Geld für den Bau einer Schule gesammelt werden soll. Sie investiert viel Zeit in die Organisation, Koordination, in das Fundraising, macht Benefiz Events. Schließlich ist eine größere Summe gesammelt worden und in Afrika kann der Bau der Schule beginnen. Wenige Monate nach Baubeginn erfährt die Lehrerin jedoch, dass sich die politische Situation im Land und in der Region geändert hat, dass der Bau der Schule nicht mehr erwünscht ist und dass einige Bauträger das bereits bezahlte Geld veruntreut haben.

Das ist sicher eine herbe Niederlage, die die Lehrerin in eine tiefe Krise stürzt, die von Trauer und Wut gekennzeichnet ist. Wenn nun diese Lehrerin zurückdenken würde, welchen Leitsatz (=Sinn-Satz) sie zu Beginn ihrer Ausbildung als Lehrerin für sich formuliert hatte, nämlich vermutlich "Ich möchte etwas für die positive Entwicklung von Kindern beitragen", dann könnte sie jetzt wieder sagen: Nun denn, es ist schief gegangen, aber ich habe es wenigstens versucht, denn mein Sinnaufruf im Leben war und ist es, etwas für die positive Entwicklung von Kindern beizutragen.

Und möglicherweise wird dann das Scheitern weniger dramatisch für diese Lehrerin sein, da sie erkennt, wie konsequent sie ihren Lebenssinn auch nebenberuflich verfolgt hat, und dass das der Versuch war, etwas Positives zu bewirken.

Vielleicht ist es der wichtigste Punkt in einer Reflexionsgruppe, über den Sinn des Lebens zu sprechen. Denn hier kann man viel von den jeweils anderen lernen – vielleicht gerade dann, wenn man selbst in einer Sinnkrise steckt.

FRAGEN

- Was ist für mich der Sinn des Lebens?
- Was möchte ich im privaten Bereich bewirken, was im beruflichen Bereich?
- Was möchte ich an Schönem erleben?
- Oder geht es bei mir darum, eine schwierige Lebensphase zu meistern?
- Wie könnte ich meine Talente zum Wohle der anderen einsetzen?
- Könnte ich etwas für den Umweltschutz tun?
- Könnte ich soziale Kontakte auffrischen, neu knüpfen, oder Menschen zusammenführen, die ähnliches wollen
- Könnte ich im Internet Projekte unterstützen, die ich gut finde (auf Social Networks, in Online-Diskussionsforen)

- Könnte ich mich in einem Verein oder in der Politik engagieren?
- Habe ich Ziele in Bezug auf Persönlichkeitsentwicklung oder spirituelles Wachstum?*)

*) Zu diesem Thema möchte ich aber auch die kritischen Publikationen von Victoria Rationi empfehlen "Spiritual Bypassing" und "Persönlichkeitswachstum?"

Von Peter Jedlicka ist bisher außerdem erschienen (Auswahl):

„Was ist der Sinn des Lebens?" Ebook

"Gesprächsgruppen selbst organisieren"

"Computerspielsucht Therapie"

"Solidarische Psychologie" Ebook

"Co-Counseln"

"Helping Circles" – Ebook

„Gender Balance"

und weitere